NOTICE

SUR

J.-R. POTHIER.

Érection de sa Statue.

Mai 1859.

ORLÉANS

IMPRIMERIE PESTY, PLACE DU MARTROI.

NOTICE

SUR

J.-R. POTHIER.

MAI 1859

IMPRIMERIE PESTY, A ORLÉANS.

Place du Martroi.

Robert-Joseph POTHIER.

Entre toutes les villes qui aiment à honorer ceux qui ont servi la patrie, Orléans est au premier rang. C'est Orléans qui consacre une fête annuelle à sa touchante héroïne, JEANNE D'ARC ; mais cette fête qui a rappelé, cette année, celle de 1855, a été, par une heureuse coïncidence, précédée de la bénédiction de la nouvelle flèche de la Cathédrale, — ce magnifique travail dû à l'architecte de la Sainte-Chapelle de Paris, — et de l'inauguration de la Statue élevée au Jurisconsulte POTHIER. C'est bien là aussi une gloire Orléanaise, car Pothier n'a guères quitté sa ville natale ; et il n'est pas de plus solide gloire que la sienne, et qui mérite mieux la reconnaissance du pays.

Le savant procureur-général près la Cour de Cassation, M. Dupin, écrivait à cette occasion :

« La ville d'Orléans fait un acte digne d'elle, lorsqu'après avoir inauguré le patriotisme religieux et militaire de Jeanne d'Arc, elle honore avec un égal enthousiasme le génie civil, dans la personne de Pothier. »

Et M. Dupin, rappelant quelques-unes des œuvres immortelles de notre célèbre jurisconsulte, ajoutait :

« Les Romains avaient mis *la raison* dans leurs lois civiles ? Pothier a mis *l'ordre* dans les lois romaines, et m'en a prodigieusement facilité l'étude et l'intelligence. »

Le vénérable Prélat qui gouverne le diocèse avait dit aussi, dans une lettre rendue publique :

« Illustre dans sa modestie, grand dans les laborieux emplois de sa vie et de ses facultés, si pieux malgré les entraînements déplorables et les tristes erreurs du temps, Pothier, par sa simplicité antique et la sévérité de ses mœurs, par la renommée et l'influence profonde de ses travaux, par le souvenir de ses vertus, doit être cher à tous ceux d'entre nous qui ne voudront pas encourir le reproche d'insouciance envers les gloires domestiques et nationales. »

Et Monseigneur Dupanloup félicitait les Orléanais de leur pieuse pensée d'élever un monument à leur concitoyen, à l'éminent jurisconsulte, pour lequel le savant prélat professe, comme il le disait encore, « une juste admiration. »

L'éloge de Pothier et de ses travaux, dont les résultats ont passé presque mot pour mot dans notre Code civil, a été ainsi écrit de toutes parts. Possédant les qualités qui font le grand magistrat, le jurisconsulte profond, Pothier a donné en même temps l'exemple de toutes les vertus publiques et privées. Il ne nous appartient pas d'écrire sa vie si bien remplie : qu'il nous soit permis de rappeler en quelques pages les titres de Pothier à la reconnaissance du pays, et de faire connaître l'homme vertueux, le savant modeste dont notre ville s'honore à si juste titre :

Robert-Joseph POTHIER est né à Orléans le 9 janvier 1699, dans une maison située cloître Sainte-Croix, rue de l'Ecrivinerie, aujourd'hui rue Pothier. Cette maison porte actuellement le n° 23. On voit sur la façade un marbre noir avec cette inscription : Robert-Joseph Pothier habitait cette maison : il y est mort le 2 mars 1772.

Pothier perdit son père, Conseiller au Présidial d'Orléans, en 1707. Il fit d'excellentes études au Collége des Jésuites d'Orléans, où il se fit remarquer par une soumission entière à l'égard de ses maîtres et une grande complaisance pour ses condisciples. Il y acquit, nous dit M. le Président de la Place de Montvray, la connaissance approfondie de la langue latine, qui devait un jour lui devenir si précieuse, et le goût des bonnes lettres, qu'il conserva toute sa vie. A seize ans, il avait terminé ses études, et, peu de temps après, il prenait sa première inscription de droit, à l'Université d'Orléans, qu'il devait un jour rendre si célèbre.

Pothier avait été élevé par sa mère dans les sentiments de la plus haute piété : ses études de droit terminées, et comme l'ont fait depuis plusieurs religieux célèbres, il voulut entrer dans les ordres ; mais l'attachement qu'il avait pour sa mère fit, paraît-il, obstacle à l'exécution de son projet. « La Providence, a dit M. Frémont, le destinait à donner, dans la vie civile, l'exemple de toutes les vertus chrétiennes. Il tourna ses regards vers la carrière de la magistrature qu'avaient suivie son père et son aïeul : c'était un autre sacerdoce. »

Sans négliger l'étude du droit, Pothier consacrait un temps considérable à la lecture des Saintes Écritures. Plein de foi, il déplorait amèrement les progrès de l'incrédulité de son époque, et le relâchement des mœurs de la jeunesse. Plein de charité, aidant tous les pauvres de sa bourse, il ne s'attacha jamais aux richesses de ce monde.

Nommé juge au siége présidial d'Orléans, et Conseiller du Roi à vingt-un ans, Pothier montra de suite une grande justesse et pénétration d'esprit. Il passait sa vie à étudier, entretenant les liaisons les plus intimes avec ses collègues et quelques docteurs de l'Université. Il comprit que pour bien savoir le droit français, qu'il était chargé d'appliquer, il lui fallait une connaissance approfondie du droit romain, et il se mit courageusement à l'œuvre. Pendant plus de vingt ans, il étudia avec une persévérance qui ne se démentit jamais. Mis en relation avec le Chancelier d'Aguesseau, qui se passionna pour les savants travaux du Conseiller Orléanais, et s'associa à ses œuvres, Pothier publia son édition des *Pandectes*, réunion des décisions données par les jurisconsultes romains, ouvrage admirable de clarté et de science, qui devait passer à la postérité, ouvrage tel que, « dans mon opinion, a dit M. Dupin, s'il fallait opter entre sa perte et celle de tous les autres ouvrages sur le droit romain, je n'hésiterais pas à m'écrier : Sauvez les Pandectes de Pothier. » (Dissertation sur Pothier, par M. Dupin aîné.)

Les bornes de cette notice ne nous permettent pas de suivre Pothier au milieu de ses magnifiques travaux qui l'ont immortalisé. Qu'il y a de sagesse dans les écrits de l'auteur du *Traité des Obligations !* Quelle âme juste ! Quel sentiment de l'équité chrétienne ! Quel respect du droit et de la raison !

« Personne, dans le siècle dernier, disait un écrivain, ne nous a été plus utile que le jurisconsulte d'Orléans ; c'est lui qui a inspiré et pour ainsi dire dicté le Code civil ; c'est à lui que les rédacteurs du Code ont continuellement recours ; ils l'ont suivi de si près que Pothier est resté le meilleur commentaire de cette législation qu'il n'a pas connue. C'est lui qui a préparé l'unité de nos lois civiles ; c'est lui qui a répandu sur tout notre droit ce souffle d'équité qui en fait la grandeur et la durée. Honorer cet excellent homme est donc une pensée qu'on ne saurait trop louer. »

En 1750, Pothier fut nommé Professeur de droit français. Sous un pareil maître, l'Université d'Orléans prit bientôt un nouvel éclat. Les leçons du Professeur étaient des conférences pleines d'intérêt pour ses élèves, qui croyaient s'entretenir avec un ami. Pothier distribuait des médailles destinées à ceux qui s'étaient le plus distingués : quelques-unes de ces médailles sont conservées avec grand soin par plusieurs de nos concitoyens, MM. D..., J.-L..., B..., etc. Une grande partie des émoluments de sa chaire était consacrée à l'achat de ces médailles.

Toute la vie de Pothier a été continuellement occupée : il se levait le matin à 5 heures et travaillait jusqu'à 7 heures le soir. Il présida pendant 40 ans une Conférence à laquelle assistaient tous les jeunes magistrats et les avocats qui étaient toujours restés ses élèves. Son unique délassement consistait dans une promenade après son dîner, et une heure de conversation avec deux amis intimes.

Pothier, d'un tempérament faible, fournit cependant une longue carrière, sans éprouver les infirmités de l'âge avancé et l'affaiblissement de ses facultés intellectuelles. Il avait 73 ans quand il fut atteint, au milieu de ses livres et de ses occupations ordinaires, d'une fièvre qui l'enleva en six jours. Il ne redoutait pas les approches de la mort, car il avait passé sa vie à s'y préparer, par la pratique de toutes ses vertus chrétiennes.

La mort du savant Jurisconsulte fut à peine connue dans Orléans qu'un deuil général s'empara de la ville entière. Les pauvres regrettaient la main qui les avait si longtemps secourus ; les élèves de l'Université, le Professeur dont ils ne devaient plus entendre la voix et les conseils ; le Présidial, son vertueux et savant doyen ; tous avaient perdu un ami.

La ville entière assista à son convoi qui fut simple, pour se conformer à l'esprit de modestie de Pothier.

Immédiatement après sa mort, Jacques Ducoudray, alors maire d'Orléans, fit une épitaphe qui fut placée sur sa tombe, et dont M. Vergnaud-Romagnesi nous a donné la traduction dans ses Notices sur les cimetières d'Orléans :

« Ici repose R.-J. Pothier, homme illustre
« par sa science dans le droit, par la sagacité
« de son jugement, par ses écrits, par ses sages
« conseils, par la douceur de son âme, par la
« simplicité de ses mœurs et par son éminente
« piété.

« Il est mort l'an de grâce 1772, apprécié
« de ses concitoyens par son savoir et sa pro-

« bité, regretté à jamais de la jeunesse stu-
« dieuse et des pauvres pour lesquels il vécut
« pauvre lui-même.

« Les magistrats d'Orléans, tant en leur nom
« qu'au nom des habitants, lui ont élevé ce
« monument. »

Le souvenir de notre célèbre compatriote et les services qu'il avait rendus ne pouvaient s'effacer.

Le 14 novembre 1823, sur l'autorisation qui en avait été accordée, les restes de Pothier furent transportés du cimetière à la Cathédrale, en présence d'un concours considérable d'habitants de la ville qui étaient venus rendre à la mémoire de l'illustre magistrat les honneurs que ses hautes vertus et son profond savoir lui avaient mérités. Après l'office, auquel assistait Mgr Brumauld de Beauregard, évêque d'Orléans, les restes de Pothier furent portés processionnellement par quatre membres de la Cour royale, dans le lieu qui avait été désigné pour recevoir ce précieux dépôt ; mais ils furent de nouveau transportés en 1846 dans la chapelle où repose aujourd'hui **notre vertueux concitoyen.**

Nous avons montré l'éminent Jurisconsulte, « le héros de la législation, » pour nous servir des expressions d'un avocat célèbre de notre époque ; voyons l'homme de bien qui sut pratiquer les vertus chrétiennes.

La piété de Pothier est connue : sa charité, son désintéressement et son humilité ont droit aussi aux plus grands éloges. Les quelques faits qui suivent vont en fournir la preuve.

Possesseur d'une belle fortune, Pothier ne se réservait que ce qui, dans ses goûts simples et modestes, lui était nécessaire, et il distribuait le reste aux pauvres.

Une femme, chargée de famille, lui devait plusieurs années d'arrérages d'une rente qu'elle lui servait : Pothier, dont la bonté était inépuisable, prit des renseignements, connut l'état de gêne de sa débitrice, ne se contenta pas de lui accorder termes et délais, mais lui fit remise entière de sa dette.

L'excellent homme donnait sans cesse, en dépit de sa gouvernante, qui avait, dit-on, la clé de son coffre-fort, et le grondait souvent. Pour éviter les reproches, qui lui étaient pénibles, Pothier eut recours à un moyen assez original, dont la connaissance est venue jusqu'à notre époque.

Quand il recevait une somme d'argent, il en dissimulait une partie, et plaçait des pièces dans les volumes qu'il consultait le plus souvent, et marquaient les passages dont il avait besoin. C'est ainsi qu'un pauvre honteux, venant lui faire confidence de ses misères, il pouvait le soulager sans demander la clé de son coffre-fort.

On a trouvé dans sa succession quarante billets s'élevant ensemble à une somme fort considérable pour cette époque : 19,305 fr. Ces billets représentaient des prêts faits à des ouvriers malheureux, à des jeunes gens pour les aider à s'établir ; et aucun de ces billets ne portait intérêt. Pothier n'en réclama pas paiement : bon et généreux, il cachait de plus avec soin ses aumônes de chaque jour.

Son testament est une dernière preuve de sa charité. Il fit remise à l'Hôpital de deux billets qui lui étaient dus, l'un de 2,000 livres, l'autre de 800. Il légua de plus 2,000 livres à l'Hôtel-Dieu.

Le dernier trait qui suit révèle Pothier

tout entier, la bonté de son cœur et son humilité.

Au XVIIIe siècle, comme de nos jours, il y avait à Orléans une colonie de Savoyards et d'Auvergnats qui stationnaient sur le *Martroy*, et se retiraient le soir au logis commun de la Pillerette ; on les employait comme porteurs de chaises, porteurs d'eau, scieurs de bois, etc. L'un d'eux, un peu ivrogne, était souvent occupé chez Pothier : un jour qu'il y avait travaillé toute la matinée, on s'aperçut après son départ, qu'il manquait à l'argenterie une cuiller d'argent ; lui seul était venu, on lui attribua le vol; toutefois, Pothier et sa gouvernante n'en parlèrent à personne et se contentèrent de ne plus l'employer.

A quelque temps de là, la cuiller fut retrouvée. . Pothier resta quelques instants pensif, puis prenant son chapeau, il sortit et se dirigea sur le Martroi. Il trouve son honnête Savoyard au milieu de ses camarades, et lui dit : « Mon ami, il y a longtemps que tu n'as été occupé pour moi, sais-tu pourquoi ? — Oh ! Monsieur Pothier, c'est bien à votre volonté ; après cela, c'est peut être parce que j'ai la mauvaise habitude de boire? — Non, mon garçon ; c'est en effet une vilaine habitude dont tu devrais te corriger; mais ce n'est pas pour cela... C'est parce que je t'ai soupçonné de m'avoir volé. — Moi! moi! monsieur Pothier ? — Oui, cela t'indigne, n'est-ce pas? Tu as raison ; j'ai été bien coupable envers toi, et je t'en fais mes excuses publiques. Puis, s'adressant aux Auvergnats qui l'entouraient : vous entendez, vous autres, dit-il, votre camarade est un brave homme, je l'ai soupçonné sans preuve, je lui en demande pardon....

On l'a dit avec raison.: ce magistrat, venant en place publique faire amende honorable pour un soupçon qu'il n'avait pas même divulgué, nous offre un des plus beaux exemples d'humilité chrétienne qu'on y puisse rencontrer.

STATUE DE POTHIER.

Inauguration le 7 mai.

Bien des efforts avaient été faits jusqu'à nos jours pour élever un monument à la mémoire de Pothier, mais diverses circonstances avaient toujours reculé l'exécution du projet.

En 1856, l'honorable M. Frémont soumit à la Société Académique de notre ville le projet d'érection de la statue du savant jurisconsulte. Cette proposition rencontra de nombreuses sympathies, et une commission, à la tête de laquelle se trouvait Mgr Dupanloup, fut organisée à l'effet de recevoir les souscriptions destinées à élever le monument et à préparer l'expression de ce témoignage de la reconnaissance publique.

L'exécution de la statue fut confiée à M. Dubray, sculpteur; l'érection du piédestal à M. Jutteau, architecte Orléanais; M. Buors fut chargé de la direction des travaux. Il fut décidé par la commission : 1° Que les armes de l'Université d'Orléans seraient placées dans un cartouche, à la face antérieure du piédestal, et qu'on inscrirait dans un phylactère ces mots : *Université d'Orléans;* 2° qu'on graverait sur une plaque au-dessous du cartouche, l'inscription suivante :

A
ROBERT-JOSEPH
POTHIER.

1859.

Enfin, la commission a exprimé le vœu que l'inauguration de la statue fût constatée par une médaille à l'effigie de Pothier.

Le 7 mai 1859, le voile dont la statue était couverte fut enlevé aux applaudissements de tous. L'administration municipale avait voulu donner la plus grande pompe à la solennité de l'inauguration. De magnifiques tentures de velours cramoisi à bordures dorées, surmontées d'écussons aux armes du chapitre, de l'évêque, du métropolitain et du pape, ornaient les portiques de la cathédrale : la chapelle où reposent les restes de Pothier avait été tendue entièrement en velours violet, rehaussé de franges d'argent.

L'Hôtel-de-Ville, l'Institut musical, les rues Royale et Jeanne d'Arc étaient décorées avec luxe et bon goût ; de distance en distance s'élevaient des mâts ornés de banderoles, d'étendards et de trophées : à chacun d'eux était fixé un médaillon renfermant les initiales du jurisconsulte, soit celle de Jeanne d'Arc, dont la fête coïncidait, comme nous l'avons dit, avec l'inauguration de la statue de Pothier.

Autour de la statue on avait construit pour les personnes invitées par la ville, d'élégantes tribunes décorées d'oriflammes, de drapeaux et d'inscriptions qui indiquaient les diverses fonctions que Pothier avait remplies, et les titres de ses principaux ouvrages.

Après la cérémonie religieuse et un magnifique discours en l'honneur du célèbre jurisconsulte, prononcé par M. l'abbé Gratry, prêtre de l'oratoire et vicaire général d'Orléans, le cortége, composé de toutes les autorités de la ville, s'est rendu processionnellement, le clergé en tête, sur les tribunes élevées près du monument : la place Sainte-Croix offrit alors un spectacle magnifique. Qu'on se figure toutes ces tribunes élégamment décorées, occupées, d'un côté, par les autorités en costume de cérémonie, clergé, cour impériale, tribunaux, militaires ; administration municipale et civile; et de l'autre, par une foule élégante qui, longtemps avant l'heure de la cérémonie, avait envahi les tribunes qui lui avaient été réservées: puis, massés au pied du monument, les cent orphéonistes qui devaient exécuter une cantate en l'honneur du jurisconsulte, la musique d'un régiment venu exprès à Orléans pour l'inauguration, celle de la compagnie des sapeurs-pompiers : derrière et formant haie, des détachements d'infanterie, de dragons, notre magnifique compagnie de sapeurs-pompiers, la gendarmerie; et enfin toutes les fenêtres qui donnent sur les places Sainte-Croix et de l'Étape, couvertes de monde, comme les places elles-mêmes : c'était un aspect admirable.

Trois discours ont été prononcés, l'un par M. le maire d'Orléans, le second par M. le premier président de la cour impériale, et le troisième par M. Nogent-Saint-Laurens, représentant du Loiret. Ces discours, souvent interrompus par de chaleureux bravos, ont rappelé, en termes éloquents, les titres de Pothier à la reconnaissance, sa vie pure et religieuse, ses immenses travaux, et les vertus dont il nous a laissé l'exemple.

Un temps magnifique a favorisé cette fête qui laissera un long souvenir dans notre ville, et qui a valu à notre administration des éloges bien mérités.

Donnons en finissant quelques détails sur l'œuvre de M. Dubray. Le nom du sculpteur, la réputation qu'il s'est acquise par des travaux déjà fort estimés, garantissaient d'avance le succès de l'œuvre qui a été saluée par d'unanimes applaudissements : c'était un concert de louanges pour l'habile statuaire.

Le jurisconsulte est placée dans l'attitude de la réflexion. Sa main droite appuyée sur les célèbres volumes des *Pandectes*, tient une plume ; sa main gauche porte le plus admirable de ses ouvrages, le *Traité des Obligations*. La tête de Pothier est telle que l'a donnée le portrait peint par Lenoir, le seul que l'amitié ait pu arracher à grand peine à la modestie du savant jurisconsulte. On y trouve ce regard profond qui a porté la lumière sur les problèmes les plus inextricables du droit, cette sérénité et cette paix que la vertu imprime au front de ceux dont le savoir a été l'unique loi, et cette bonté et cette douceur qui faisaient de Pothier le plus charitable et le plus indulgent des hommes. La robe est une merveille artistique : tous les plis en sont ciselés avec un soin et une perfection dignes des plus grands éloges.

Le piédestal sur lequel s'élève la statue a droit aussi aux éloges : il est d'une grâce, d'une pureté de lignes, et d'un fini qui ont conquis tous les suffrages : M. Jutteau, lui aussi, peut être fier de son œuvre.

Les assises du piédestal sont en pierres de Château-Landon : les parties supérieures sont en marbre. Le monument a 5 mètres de longueur, avec des pans coupés ; sa hauteur est de même dimension. En y ajoutant la statue, qui mesure également 5 mètres, la hauteur totale du monument est de 10 mètres.

En soumettant son projet d'érection de la statue de Pothier, l'honorable M. Frémont exprimait le regret, pour notre ville, où le sentiment traditionnel est si vif, où le culte des aïeux est si religieusement observé, que Pothier, cette gloire si pure, n'ait pas encore obtenu le témoignage de la reconnaissance publique. Ces regrets, partagés par tous, ont cessé, et désormais nul voyageur ne passera à Orléans sans aller voir la statue de M. Debray, qui a rendu si heureusement l'attitude penchée et la figure pensive de Pothier.

Imprimerie Pesty, Orléans.

www.ingramcontent.com/pod-product-compliance
Lightning Source LLC
Chambersburg PA
CBHW060443050426
42451CB00014B/3211